Mosaik

Primeur

en vogue

von André Dominé
mit Illustrationen
von Christine Wendt

Mosaik Verlag

Der Mosaik Verlag ist ein Unternehmen
der Verlagsgruppe Bertelsmann

 / 5 4 3 2 1
Einbandgestaltung und Artdirektion:
Noëlle Thieux
Satz: Filmsatz Schröter GmbH, München
Reproduktionen: Artilitho, Trento
Druck und Bindung:
Richterdruck, Würzburg
Printed in Germany · ISBN 3-570-02595-0

Inhalt

Primeur: eine steile

Er ist lebendig, hinreißend zärtlich, verführerisch und voller Charme. Er ist großzügig und ausgeglichen, dabei elegant, ja rassig, und versteht es, jedes Jahr in einem der tristesten Monate für Aufregung zu sorgen. Seine Anhänger werden im voraus von Ungeduld und einer Erwartung gepackt, die ihnen gestandenere Freuden verleidet. Er gleicht einem Fieber, für das Amerikaner so anfällig sind wie Schweizer, Dänen so wie Italiener, das England und Holland wie eine Seuche heimsucht, Japaner heftig infiziert und – außer in Frankreich – nirgendwo so um sich greift wie bei uns in Deutschland. Mitte November halten es seine inbrünstigsten Verehrer zu Hause nicht mehr aus. Sie müssen ihn einfach selbst abholen. Verhaltenere Freunde harren auf den Moment, wo seine Banderole von den Scheiben der Kneipen und Drei-Sterne-Restaurants, der Feinkostpaläste und Tante-Emma-Läden leuchtet: Le Beaujolais Nouveau est arrivé. Da ist er, der Primeur, der erste Wein des Jahres, in herrlichem Rot mit leicht violettem Schimmer aus den Gläsern funkelnd.

Er ist ein Bauernsohn, der sich die Welt erobert hat. Heute entkorkt man ihn am gleichen Tag im Pariser und im New Yorker Maxim's. Rechtzeitig landet er an Bord von Jumbo-Jets in Tokio, Hongkong und Buenos Aires. In seiner Heimat, dem Beaujolais, fließt er am dritten Donnerstag im November ab null Uhr in Strömen, während in jener Nacht endlose Karawanen von Lastzügen alle Länder Europas ansteuern. Jede fünfte Flasche Primeur sichern sich inzwischen deutsche Genießer, an die zwölfeinhalb Millionen. Ende der sechziger Jahre hätte das der gesamten Vin-nouveau-Produktion entsprochen, da begann der junge Beaujolais gerade erst, Frankreich zu munden.

»Die Stunde des Ruhms schlug für den Beaujolais an dem Tag, an dem eine schlaue Gruppe von Weinbauern ihn nach Paris brachte«, erzählt Paul Bocuse. »Er fand sofort Anklang. Seit damals wird die Ankunft des Beaujolais Nouveau wie die Geburt eines Babys gefeiert. Jedes Jahr wird das Ereignis bedeutender, weil der Ruf des Weines neue Höhen erreicht.«

Daran hat Paul Bocuse ebensoviel Anteil wie am Ruhm der Bresse-Hühner, denn auf beide schwört er in aller Weltöffentlichkeit. Wann nun aber diese Stunde genau schlug, darüber streiten sich die ›amateurs du primeur‹, seine Liebhaber. »Der Beaujolais Nouveau«, sagt Georges Dubœuf, den sein Freund und Kunde Bocuse den ›König des

Beaujolais‹ nannte und der ein genialer Verkoster ist, »das ist eine Arbeit von zwanzig Jahren, denn man sollte nicht vergessen, der Beaujolais Nouveau ist vor allem eine Produktqualität, ein Typ von Wein. Man mag ihn, oder man mag ihn nicht. Der Beaujolais Nouveau hat seine Liebhaber wie seine Gegner. Aber man muß feststellen: In diesem Weinstil ist er schwer zu imitieren, ob in anderen französischen Provinzen oder im Ausland. Man wird es niemals schaffen, denselben Weintyp zu machen.« Das hat natürliche Gründe, die wir noch kennenlernen werden. Aber die ›Nase des Beaujolais‹, wie man Dubœuf auch tituliert, hat recht, denn in den letzten zwei Jahrzehnten ist der Primeur zu dem geworden, was er heute ist, nämlich der erfolgreichste Aufsteiger unter den AOC-Weinen, den ›Vins d'Appellation d'Origine Contrôlée‹, Frankreichs höchster Weinkategorie. Daran wirkten engagierte Leute mit: Winzer, Weinhändler, Önologen, Techniker, Marketingspezialisten, Werbemänner. Aus der Taufe hoben sie ihn nicht. »In Wahrheit hat niemand den Beaujolais Nouveau erfunden. Er hat sich fast von allein gemacht«, bemerkt Michel Brun, enthusiastischer Beaujolais-Repräsentant vom Montmartre. Eigentlich jedoch verdankt der Primeur seine Geburt der Seide. Und das kam so:

Die Seide und der Beaujolais

Weinbau gedieh früher nur dort gut, wo Weintrinker nicht fern waren. Nun liegt das Beaujolais vor den nördlichen Toren Lyons. Seit alters her eine der bedeutendsten Textilstädte der Welt, machte seine Seide Lyon berühmt. Wo aber Stoffe gewirkt werden, gibt es viel Staub, und Staub macht durstig. Die Seidenweber und Arbeiter der Textilfabriken löschten ihren Durst im Bistro, einem Verwandten der Londoner Pubs und der Berliner Eckkneipen, einem Nachbarschaftstreff. Sie taten es mit Wein aus dem Beaujolais und dies in so großen Zügen, daß man sagte, drei Ströme flössen durch Lyon: die Rhône, die Saône und der Beaujolais.

Henri Comte de Rambuteau, Präsident der Weinbruderschaft ›Les Compagnons du Beaujolais‹ und selbst Winzer, leitete ein Vierteljahrhundert lang eine Textilfabrik in Lyon. Hinter den Bürogebäuden lag ein Bistro, wo die Verpacker ihren Tag zu verbringen pflegten. »Wenn man mal einen Ballen Seide einwickeln lassen wollte, mußte man die Verpacker aus dem Bistro holen«, erzählt der Graf. »Ich erinnere mich, dort wütend eingetreten zu sein: ›Wie, ihr seid noch immer hier!‹ schrie ich sie an. Einer dieser Verpacker, der ein richtiger Koloß – und ein Mann aus dem Beaujolais – war, brachte sich schnell in Sicherheit, doch bevor er die Tür schloß, drehte er sich um und sagte: ›Monsieur de Rambuteau, wenn ich diesen Beaujolais trinke, würde ich am liebsten den Hals einer Giraffe haben, damit er ihn mir länger streicheln könnte.‹« Und der Graf, der, selbst kein Kostverächter, Besprechungen mit seinen leitenden Angestellten ab dem späten Nachmittag öfter im selben Bistro beim gleichen guten Beaujolais abhielt, konnte nicht anders als verzeihen.

»Am Anfang war der Beaujolais ein ›petit vin‹, nur Einheimischen und Lyonnaisern bekannt«, erklärt Paul Bocuse. »Sehr mochten ihn Männer, die Boule spielten. Ich kann mich noch an jene sonnigen Sommertage meiner Kindheit erinnern, wenn mein Vater die 46-Zentiliter-Karaffen in Eimern mit kaltem Wasser in den Schatten der Platanen zu stellen pflegte. Hierher kamen die Boulespieler nach einer harten Partie, um sich zu erfrischen, und ließen sich von Frauen in hellen Kleidern den Wein einschenken.« Übrigens hat sich das Maß für den ›pot‹ bis heute erhalten, von dem man sagt, es würde dem Durst eines gestandenen Mannes entsprechen.

Lyon gilt als Hauptstadt der französischen Gastronomie. Man schätzt dort gute Küche und wohlschmeckende Weine, ob Direktor oder Verpacker. So wetteiferten die Bistros darin, den besten Beaujolais auszuschenken. Die Bistrotiers waren Kenner. Zur Zeit der Weinlese jagten sie sich die besten Weine ab. Sie fuhren ins Beaujolais und hasteten dort von Winzer zu Winzer, um die

neuen, oft noch unfertigen Weine zu probieren und sich das beste Fuder reservieren zu lassen. Oft schalteten sie einen ›courtier‹ ein, einen Weinmakler, von denen einige es verstehen, die zukünftige Qualität vorherzusagen, wenn sie den aus der Kelter tropfenden Most verkosten.

»Bereits 1912, was ein besonders gutes Jahr gewesen ist«, erinnert sich Louis Bréchard, einer der großen alten Männer des Beaujolais, der es als Abgeordneter in der Nationalversammlung vertrat, Präsident des Winzerverbandes war und überall den Primeur propagierte, »haben die Bistrotiers den jungen Wein geholt. Mein Vater machte 60 Fässer, die damals noch 220 Liter hatten. Manch-

mal brachten wir den Wein auch selbst nach Lyon, wofür wir drei Tage brauchten. Durch das Geschaukel wurde mancher Wein besser, aber es gab auch das Gegenteil. Immerhin war der Wein bezahlt, denn er wurde abgerechnet, wenn er den Keller verließ. Die Bistrotiers kamen schon vor der Lese und bestimmten die Weingärten, deren Wein sie wollten, denn so konnten sie sich von der Gesundheit der Trauben überzeugen.«

Man kaufte eine ganze Kufe und gab dem Winzer, der sich weiter um die Entwicklung des Weins kümmerte, einen Vorschuß. Wenn es soweit war, füllte der ihn in ›pièces‹, die für das Beaujolais typischen Fässer, die noch heute als Verkaufsein-

heit gelten und beim Beaujolais 216, beim Beaujolais-Villages 215 und bei den Crus 214 Liter enthalten. Darauf wurde mit Kreide der Käufer markiert, der sich den Wein wöchentlich nach Bedarf in sein Bistro nach Lyon kutschieren ließ. Zum Beispiel hatte das legendäre Léon de Lyon einen Tagesverbrauch von einem ›pièce‹! Stolz rühmten sich die Winzer, wenn sie an ein bekanntes Bistro liefern durften, oder die Bistrotiers, wenn sie von einem namhaften Weingut bezogen. Der glückliche Wirt ließ sich ein Fäßchen vom jungen Wein abfüllen, das er zwischen den Beinen eingeklemmt nach Lyon schuckelte. Dort angekommen, baute er es auf dem Tresen auf und präsentierte seinen Stammgästen den prächtigen Tropfen, an dem sie sich im

nächsten Jahr laben würden, denn man sagte, der Beaujolais müsse sein Ostern feiern.

Diese sehr frühen Kostproben dürften nicht selten üble Folgen gehabt haben. Es waren unreife, unausgegorene Weine, die man auf der Anreise mit keinem Korken hatte verschließen können, sondern nur mit einem Büschel Roggenstroh. Sie wirkten abführend und lösten Sodbrennen aus. Trotz dieser argen Konsequenzen werden die Bistrogäste einander angestoßen und gefragt haben: »Hast du den neuen Wein schon probiert?« Und das wollten selbstverständlich alle. Da reichten die zwischen Wirtswaden geklemmten zehn oder zwanzig Liter nicht aus. Also erwartete man ungeduldig die erste Lieferung der Winzer.

»Die Bauern fuhren den Wein in von Ochsen oder Pferden gezogenen Karren hinab, und auf den 30 Kilometern, die das Beaujolais von Lyon trennen, wurde der Wein kräftig gerüttelt. Das begünstigte das Ende der Gärung, und man bemerkte, daß dieser Wein großartig war, wenn man ihn bald trank.« Gérard Canard, Generalsekretär der Union Interprofessionelle des Vins du Beaujolais, einer von Händlern und Winzern 1959 gegründeten Vereinigung zur Förderung der Beaujolaisweine, schildert das, als wäre er dabeigewesen. Als einer der Hauptinitiatoren der Primeur-Bewegung und damit des Erfolges aller Beaujolaisweine ist der charmante Generalsekretär der Compagnons schon heute eine legendäre Gestalt. »Zu Anfang stand die Wiege in vier Gemeinden«, versichert er. »Das waren Saint-Etienne-des-Ouillières, Saint-Etienne-la-Varenne, Le Perréon und Blacé. In Lyon angekommen, ließ man den Wein sich einige Tage erholen, dann verkonsumierte man ihn in den ›pots‹, der typischen Lyonnaiser Flasche. Dort war es, daß die Bistros auf ihre Fensterscheiben schrieben: ›Le Beaujolais Nouveau est arrivé‹. Man hat eine Person gesucht, die diesen Satz erfunden hat, aber es war einfach eine Gepflogenheit ...«

Es wurde ein Lyonnaiser Brauch, und der Satz auf der Scheibe zog nicht nur die Nachbarn an. Auch fernere Genießer wollten den neuen Wein zügig über Zunge und Gaumen tanzen lassen. Im lyonnaiser Bistro oder in der Beaujolaiser Schankstube gibt es keine sozialen Schranken. Ob Großbürger oder Kleinbürger, Schloßherr oder Pächter, Vorarbeiter oder Hilfsarbeiter, man steht am selben Tresen, sitzt am selben Tisch, trinkt den gleichen Wein. Die Jahre, in denen er ausschließlich eine Lyonnaiser Spezialität war, scheinen den Primeur geprägt zu haben, der demokratische Charakter blieb ihm eigen.

Der Zweite Weltkrieg brachte Frankreich die deutsche Besetzung. Zum Glück für den Beaujolais vollzog sie sich schrittweise. Sie ließ der Pariser Presse zwei Jahre lang Zeit, in Lyon Asyl zu nehmen. Vermutlich fanden es die Journalisten der berühmten Blätter sterbenslangweilig in der Provinzmetropole. Zusätzlich erschwert wurde das Leben durch die Kontingentierung des Weins. Man fühlte sich nach einer Woche wie ausgetrocknet. Also trat man am Sonntag kräftig in die Pedale, um die Höhen des Beaujolais zu erklimmen, wo man sich nach Herzenslust befeuchten konnte. Die Besatzungsmacht bestückte den französischen Markt schlückchenweise. In Abständen wurde eine gewisse Weinmenge freigegeben, dann war erst wieder einmal Pause. Diese Marktpolitik trug dazu bei, daß sich die Pariser Journalisten in Lyon bewußt wurden, wie fruchtig, frisch und süffig der allererste Beaujolais war. Und man erinnerte sich wieder daran, als Henri Monnier, der in Le Bois d'Oingt im Süden des Beaujolais geborene Karikaturist, im ›Le Canard Enchainé‹, Frankreichs berühmtester satirischer Zeitschrift, unentwegt Hinweise auf den Beaujolais aus Juliénas kritzelte. Den Anstoß hatte Victor Peyret, sein Busenfreund, ein dort etablierter Weinhändler, gegeben, der dafür sorgte, daß die Redaktion entsprechend inspiriert wurde. Der Juliénas stieg zum gefragtesten Cru des Beaujolais auf. Plötzlich entsann man sich überhaupt wieder der Weine dieses Landstrichs und des hinreißenden Erstlings im Monat November.

Novemberrevolution

Der Primeur blieb lange ein Geheimtip, und nur wenige Pariser Bistros zapften ihn vom Faß. Dabei wurde er schon 1951 zum ersten Mal gesetzlich anerkannt. Ab 1953 warb Jean Tixier unter Schauspielern, Malern, Poeten und Journalisten für ihn und verschaffte ihm manchen Auftritt in Saint-Germain-de-Près. Mit der Rückendeckung von Gérard Canard gelang schließlich 1968 der Durchbruch. Inzwischen präsentiert Botschafter Tixier den Primeur alle Jahre wieder im ›Au Pied de Cochon‹ im Hallenviertel. Seit jener Novemberrevolution erliegt Paris regelmäßig einem Fieber, das nur der Primeur zu kühlen vermag. Der kleine Wein der Boulespieler hat es geschafft. Kein noch so feines Restaurant kann es sich erlauben, keinen ›vin nouveau‹ auszuschenken. Aber die Pariser ›haute volée‹ findet mehr Spaß daran, sich nach einem Ball in Smoking und langem Abendkleid zu ›inkanaillieren‹ und in einem zünftigen Bistro eine Schweinshaxe in Primeur zu ertränken.

Seither steigert der Primeur seinen Anteil an der Gesamtmenge des Beaujolais von Jahr zu Jahr. In seinem ersten großen Erfolgsjahr 1970, als er die 10-Millionen-Liter-Hürde nahm, betrug er ein Sechstel davon. 1979 hatte er mit über 30 Millionen Liter gut ein Drittel erreicht, 1987 mit der Rekordmenge von 61 Millionen Liter fast drei Fünftel. Allerdings handelt es sich bei diesen Angaben nicht um Verkaufszahlen, sondern um die Menge, die als Primeur oder Vin nouveau zugelassen wurde und als solche angeboten werden durfte. Getrunken werden zwischen 40 und 45 Millionen Liter. Ob es jemals viel mehr sein werden, darf

man bezweifeln. O nein, nicht etwa deswegen, weil die Mode des Primeurs vergehen könnte. Ganz im Gegenteil. In vielen Ländern ist der Beaujolais Nouveau der letzte Schrei, der noch lange nicht von allen potentiellen Liebhabern gehört wurde. Dem Erstling unter den Weinen sind andere Schranken gesetzt.

Alle Dinge, für die man sich begeistert, leiden darunter, daß Begeisterung eine ebenso köstliche wie vergängliche Empfindung ist. Zum Glück. Es wäre nicht auszuhalten, wäre man unentwegt begeistert. Der beispiellose Erfolg des Primeurs liegt daran, daß er Anlaß bietet, im trübsten Herbst für etwas Feuer und Flamme zu sein. Wenn der Winter eingeläutet wird, wendet man sich erfrischt und erheitert gediegeneren Freuden zu. Schließlich ist der Primeur nicht mehr ›primeur‹, wenn die Zeit fortschreitet und die allgemeine Weinernte heranflutet, und der Vin nouveau nicht mehr neu, wenn seine Flaschen Staub ansetzen. Zwar versichern alle Händler und Winzer des Beaujolais – nicht zu Unrecht –, daß Primeur und Vin nouveau durchaus noch im neuen Jahr genossen werden können, doch so wenig man das Kind mit dem Bade ausschütten sollte, so wenig möchte man es unbegrenzt darin weichen lassen. Mag man versuchen, das Wort ›Primeur‹ zugunsten des faderen ›Vin nouveau‹ zu verdrängen, und den besonders spritzigen ›vin primeur‹ zunehmend durch den eine Nuance kräftigeren und langlebigeren ›vin nouveau‹ zu ersetzen, man wird dadurch bestimmt keinen Primeur-Enthusiasten dazu bringen, es zwölf Monate im Jahr zu sein. Primeur-Enthusiast ist man ein paar Wochen lang ab Mitte November – und damit genug. In Paris, wo man nichts so liebt wie Abwechslung, wird man einen Primeur nach

Mitte Dezember kaum noch ausgeschenkt bekommen.

Und da eben dies seinen besonderen Reiz ausmacht, ist und bleibt der Primeur ein Kurzstreckenläufer, für den es darauf ankommt, möglichst schnell aus den Startlöchern zu kommen. So konzentriert sich alles auf den Startschuß am dritten Donnerstag im November um null Uhr, und das ist der Grund, warum der Beaujolais Primeur zu einer zunehmend exklusiven Sache wird.

Man muß ihn nämlich abfüllen und transportieren. Schon jetzt stellt der Monat November, genauer gesagt, seine zweite Hälfte, mehr als ein Drittel des gesamten Exportvolumens des Beaujolais. Auch der Dezember, wenn die Nachbestellungen ausgeliefert werden, rangiert weit vor den anderen Monaten. Die Weinhändler, die den neuen Wein auf Flaschen ziehen, sind heute schon überausgerüstet. Ihre teuren Abfüllanlagen werden 300 Tage pro Jahr nur teilweise ausgelastet, oft nur zu einem Drittel. Von überallher kommen die Lastwagen, auf denen der Neue verschickt wird. Der Fuhrpark des Beaujolais bewältigt nur einen Bruchteil. Natürlich will jeder, ob alter oder neuer Kunde, seinen Primeur pünktlich haben. Das ist schließlich der Witz an der Sache. Deshalb ist der Wettlauf um den Primeur noch nicht zu Ende. Vielleicht steht er uns sogar erst noch bevor ...

Wettrennen um den Primeur

Das eigentliche Rennen um den Primeur, bei dem es hart auf hart geht, findet unter Ausschluß der Öffentlichkeit statt. Drei Dutzend ortsansässige Händler, einige von außerhalb und die Gruppe der Konzessionäre hetzen in den zwei, drei Wochen nach der Lese von Winzer zu Genossenschaftskellerei, von Domaine zu Château, um sich die besten oder überhaupt einen Anteil an den Erstgeborenen zu sichern. George Dubœuf bringt es in dieser Spitzenzeit fertig, 300 bis 400 Proben täglich zu verkosten. »Da haben wir für Poesie keine Zeit«, sagt Michel Brun, »die kommt später.« Jedes einzelne Fuder will verkostet sein, denn selbst wenn alle Spielregeln der Vinifikation beherzigt werden, heißt das noch lange nicht, daß der Wein den typischen Charakter eines Primeurs hat, das gewisse Etwas. Sein Rot muß lebendig funkeln, seine Nase intensiv nach kleinen roten Früchten, Banane oder englischen Fruchtbonbons duften, und den Gaumen sollte er streicheln. Aber das gewisse Etwas, nach dem Weinhändler jagen und auf das Feinschmecker erpicht sind, entzieht sich der Beschreibung. Es ist der besondere Kick, den man kennt und wiedererkennt, sobald man einmal einen wirklich guten Primeur getrunken hat. Davon gibt es aber bei weitem nicht genug. So liefert man sich einen heftigen Wettkampf mit dem Glas in der einen und Kaufverträgen in der anderen Hand. Denn je schlechter man verkostet, je später man kommt und je knickriger man ist, desto mickriger wird die angebotene Qualität. Auch die Winzer stehen unter Druck. Für sie entscheidet sich in wenigen Tagen, welche Frucht die Arbeit eines ganzen Jahres bringt, und ein kleiner Fehler kann teure Folgen haben.

Das große Wettrennen um den Beaujolais Nouveau fand jahrelang am 15. November statt, dem früheren Stichtag seiner Freigabe. Natürlich kam es zuerst Engländern in den Sinn, diese Sachlage für Bravourstücke von ›sportsmanship‹ zu nutzen. Erfinder der Hatz, die auf Verkehrsregeln pfiff, wurden Weinimporteur Joseph Berkmann und Journalist Clement Freud. Nach einer feuchten Vorfeier im Beaujolais am Abend des 14. November 1970 wetteten sie darum, wer vor dem anderen als erster in London Primeur schlürfen würde. Langer Geschichte harter Kern: Immer scharf auf neue Wettmöglichkeiten, stürzten sich Jahr um Jahr mehr Briten in das Rennen, das zu Lande, zu Wasser und in der Luft ausgetragen wurde. Bald kämpfte man in mehreren Disziplinen mit Sportmaschinen, Rennwagen oder Riesenbrummis um die Ehre, mit dem Ersten der Erste zu werden. Aus dem Blickwinkel ehrgeiziger Exzentriker hatte ihre Leidenschaft eine unangenehme Begleiterscheinung; sie verhalf dem Primeur zu – zusätzlicher – Popularität. Und statt Hals und Bein, Kotflügel und Windschutzscheiben für den Flaschentransport zu riskieren, wollten mehr und mehr Spielverderber ihn ohne Umstände genießen – und zwar am 15. November. Außerdem soll es in Frankreich und anderswo Leute gegeben haben, die sich um die europäische Verkehrssicherheit in jener Nacht ernste Sorgen machten.

Den ersten schweren Schlag mußten die Beaujolais-Nouveau-Gladiatoren, zu denen inzwischen Bar-, Bistro- und Restaurantbesitzer aus der ganzen Welt gehörten, am 31. Oktober 1984 einstecken. Ein Dekret erlaubte den Transport schon drei Tage

vorher, wenn auch der Ausschank bis zum Stichtag null Uhr untersagt blieb. Ein Jahr später ging es sogar Saint-Beaujolais an den Kragen: Der 15. November wurde aus dem Kalender der Weinfreunde gestrichen. Seither ist der Primeur ab drittem Donnerstag im November Trumpf und darf ab drittem Montag desselben Monats verschickt werden. Das Wettrennen war gestorben.

Ganz so leicht ließen sich Beaujolais-Enthusiasten den Spaß allerdings nicht verderben. Inzwischen 500 Teilnehmer stark, trifft sich der Britische Automobilclub pünktlich in Lacénas, der Hochburg der Compagnons du Beaujolais, bereit, zurückzurasen. Motorradjünger knattern von weither durch Herbstunwetter, um sich vom Primeur

wiederbeleben zu lassen. Professionelle Feinschmecker und Gourmet-Amateure düsen in das Bauernland an der Saône, um dabei zu sein. Louis Tête, mächtiger Charakterkopf unter den Beaujolaiser Händlern, entfachte als erster ein wahres Feuerwerk anläßlich der Taufe des Primeurs und lud zu einer Riesenfete. Sein Freund Dubœuf und andere standen nicht nach. Was in Frankreich Rang und Namen hat oder haben möchte, verbringt den Mittwochabend vor besagter Stunde null in irgendeinem kalten Weinkeller im Beaujolais, wo es heiß hergeht. Und noch immer starten in jener Nacht Hunderte von Lastzügen, um die funkelnde Präsenz des Primeurs überall in Europa zu sichern.

Ein Name, der auf

Das Beaujolais rollt in sanften Wellen dahin wie sein Name, der förmlich auf der Zunge zu zergehen scheint. Und da Namen oft eine wahre und magische Bedeutung haben, ist das Beaujolais ganz allgemein sehr mundend. Um aber auf den Geschmack zu kommen, muß man gleich hinter Mâcon Autobahn oder Nationalstraße verlassen und sich nach rechts wenden. »Der Tourist aber hält sich gewohnheitsmäßig an das übrigens wirklich einladende Saônetal, ohne zu ahnen, daß er nur einige Kilometer weiter einen der malerischsten und freundlichst besonnten Winkel Frankreichs unbeachtet liegen läßt ... Auf diese Weise bleibt Beaujolais den seltenen Enthusiasten überlassen, die hier Ruhe und Mannigfaltigkeit weiter Fernblicke suchen, während die Sonntagsausflügler ihre Autos in ein Höllentempo hineinstrapazieren, das sie doch immer wieder nur zu den gleichen überfüllten Ausflugsstätten bringt.«

Als Gabriel Chevallier mit diesen Worten auf seine Heimat hinwies und den Leser nach »Clochemerle« lenkte, um ihm zu zeigen, was sich in dieser anmutigen Landschaft alles an einem Pissoir entzünden konnte, gab es die Autoroute du Soleil noch nicht. Was Chevallier in den fünfziger Jahren beklagte, daß Beaujolais wenig bekannt sei, »sowohl als Gewächs wie als Land, bei Feinschmeckern sowohl wie bei Touristen«, gilt heute allenfalls für letztere. Durch Primeur und humoristische Romane längst überall geläufig, ist das Beaujolais fest in der Hand von Enthusiasten, die keineswegs mehr selten sind, und unter denen Feinschmecker die Mehrheit stellen. Mag der eine oder andere Ort, die eine oder andere Kellerei zu vorgeschriebenen Zeiten von organisierten Reisehorden überfallen werden, die kleinen Sträßchen,

der Zunge zergeht

die sich durch das 55 Kilometer lange und maximal 15 Kilometer breite Weingebiet winden – an das sich als westliche Grenze die Bergregion der Monts du Beaujolais anschließt –, bieten ebensowenig größeren Invasionen Platz wie vorhandene Restaurants und Hotels.

Im Norden gehen die Ausläufer des Mâconnais in die ersten Weinberge des Beaujolais über, das dort noch zum Departement Saône-et-Loire und damit zu Burgund gehört. Den östlichen Rand bildet die ruhige, fischreiche Saône, die leider die Angewohnheit hat, öfters über die Ufer zu treten. Ihre fruchtbare, von Pappelalleen durchzogene Ebene dient dem Getreideanbau und der Vieh-

zucht, gibt aber auch Villefranche, der Hauptstadt, Platz, sich und ihre Industrieanlagen auszudehnen. Auch Belleville, die andere Stadt des Beaujolais – nimmt man das kleine historische Beaujeu aus – liegt nah am Fluß. Dort, wo das Land ansteigt, beginnen die Weinberge. Im nördlichen Teil haben sie alle Hänge und Kuppen bis zu einer Höhe von fast 500 Metern erobert, ohne anderen Pflanzen und Bäumen viel Spielraum zu lassen. Hier wirken die sanften Formen deshalb etwas fade.

Um so abwechslungsreicher sind jedoch die Weine, die zehn Crus, die edelsten Gewächse des Beaujolais. Sie tragen so verführerische Namen wie Saint-Amour oder Fleurie, so berühmte wie

Juliénas oder Moulin-à-Vent, so markante wie Brouilly oder Morgon. Auf den erdgeschichtlich alten Granitböden kargen die Rebstöcke, was den Weinen Charakter gibt, der von Cru zu Cru je nach Mineralreichtum und Kleinklima anders ausfällt. Den sucht der Winzer hervorzukehren, indem er später keltert, damit sich alle Aromen und Tannine dem Most mitteilen. Diese Tropfen brauchen ein wenig länger, um sich voll zu entfalten. Da rümpft man die Nase über die spritzigen Jünglinge von Primeur, denen es gar nicht schnell genug gehen kann.

Das Land der Goldenen Steine

Der Norden des Beaujolais lockt die meisten Gäste an. Obwohl man von seinen Höhen bei klarem Wetter Montblanc und Jungfrau in der Ferne leuchten sehen kann, sind der mittlere und südlichere Teil, die zum Departement Rhône-Alpes gehören, landschaftlich reizvoller. Es gibt ein lebhafteres Auf und Ab, mehr für den Weinbau ungeeignete Bachtäler oder Hänge, die der Sonne saftig grün den Rücken kehren. Häuser und Weiler, Châteaux und Gutshöfe leisten sich mehr Bäume und Büsche.

Südwestlich von Villefranche stößt man in das Herzgebiet des Primeurs vor, das Land der Goldenen Steine, ›le Pays des Pierres Dorées‹, wo die Sonne die eisenoxidhaltige Erde zum Strahlen bringt und die alten Häuser aussehen, als wären sie aus frischgebackenen Weißbroten erbaut. Alte Marktflecken, Schlösser und Herrensitze haben sich fast unverändert erhalten. Die Welt ist hier offensichtlich noch in Ordnung, Natur und Menschenwerk überwiegend in Harmonie. Utrillo und seine Mutter, Suzanne Valadon, lebten Jahre in dieser Gegend.

Ein so verkehrsgünstig gelegenes Ländchen wie das Beaujolais wurde zwangsläufig von Heroen der Geschichte betreten. Wie die heutigen Touristen litten auch sie zu sehr unter fixen Zielvorstellungen, um sich lange aufzuhalten. Man rühmt sich, 1658 dem zwanzigjährigen Sonnenkönig ein prunkvolles Fest ausgerichtet zu haben – er blieb sogar über Nacht –, wobei man annehmen darf, daß sich vor allem die Caladoier, wie man Villefranche-Bürger nennt, dabei gut amüsierten.

Orgetorix und Cäsar

Einer der ersten Enthusiasten des Beaujolais war ein Schweizer, was die Eidgenossen zu verpflichten scheint, es heute unentwegt zu durchstreifen und gewaltige Weinmengen von dort zu importieren. Orgetorix wollte sich freilich gleich das ganze Land einverleiben. In ihrer Not riefen die Beaujolaiser – gefühlsmäßig schon damals mehr nach Süden orientiert – Cäsar zu Hilfe. Der verfrachtete die Helvetier in ihre Heimat zurück, erwärmte sich aber derart bei dem Gemetzel, daß er den Gallischen Krieg vom Zaun brach. Wichtiger für Europa wurde ein Treffen in einer kleinen Kirche bei Belleville, wo im Auftrag von Karl, Lothar und Ludwig Gesandte das Reich ihres Großvaters Karls des Großen endgültig zerstückelten, was im Vertrag von Verdun 843 besiegelt wurde.

Als in Cluny Anfang des 10. Jahrhunderts die berühmte Benediktinerabtei gegründet wurde, waren weder die weltlichen, noch die kirchlichen Herrscher in Mâcon und Lyon davon sonderlich erbaut. Zwei Brüder freuten sich jedoch sehr darüber. Der eine residierte auf der Burg der ›Pierre Aiguë‹ oberhalb von Beaujeu, der andere weiter im Süden auf Montmelas. Der Herr von Spitzstein machte sich – von Beaujeu aus – geschickt zwischen den wesentlich mächtigeren Nachbarn im Norden und im Süden breit, bald dehnte sich sein kleines Reich von der Loire über die Saône bis an die Rhône aus. Jeder, der hin oder her, kreuz oder quer wollte, mußte einen Obolus entrichten, was für die damaligen Zeitgenossen mindestens so ärgerlich war wie die Autobahngebührenkassierstelle in Villefranche für die heutigen. Die Rückenstärkung durch die Kluniazenser manifestierte sich in der Gründung eines Klosters in Salles, dessen Kreuzgang auch dann sehenswert wäre, wenn es keine Probierstube gleich daneben gäbe. In den Jahrzehnten vor der Revolution spazierten hier Stiftsdamen mit adeligen Küken, und Salles wurde zu einem Wallfahrtsort für heiratslustige Junker.

Überhaupt verstand man sich von Anfang an im Beaujolais darauf, geschickt zu heiraten. Die Herren von Beaujeu vermählten sich dem Haus von Savoyen und fanden Gefallen an päpstlichen Nichten. Außerdem schlugen sie sich tapfer und tödlich für Frankreichs Könige und auf Kreuzzügen, was ihrem Ruf gut bekam. Sie hatten bereits Sinn für wirtschaftliche Realitäten, eine Eigenschaft, die

man sich im Beaujolais ungebrochen bewahrte. 1260 erklärten sie Villefranche zur freien Stadt, verzichteten darauf, ihre Bürger übermäßig zu schröpfen, und förderten mit pfiffigen Erlassen den Handel. Kaufleute, die zum Markt nach Villefranche zogen, brauchten ihre Waren nicht zu verzollen. Wollten sie danach mit den übriggebliebenen weiterziehen, wurden sie allerdings empfindlich zur Kasse gebeten. So erfanden die Herren von Beaujeu in ihrem Ländchen den Ausverkauf.

Irgendwann tauchen in jeder Familie die schwarzen Schafe auf. Anton von Beaujeu konnte nicht haushalten, und sein Sohn Eduard II. war nicht nur ein Wüstling, er konnte noch nicht einmal Krieg führen und zog gegen den Grafen von Savoyen den Kürzeren. Als er 1400 verschied, vermachte er sein tief in der Kreide stehendes Reich den Herzögen von Bourbon. Es ging wieder aufwärts mit dem Beaujolais, als der Bourbone Peter die »am wenigsten doofe Frau Frankreichs« – so ihr Vater Ludwig XI. – heiratete. Anne von Beaujeu stiftete der Villefrancher Kirche einen Glockenturm und erhob es 1514 zur Hauptstadt der Region. Villefranche mauserte sich zu einer kleinen Handelsmetropole, in der es im 16. Jahrhundert über 30 Herbergen gab, mehr als Hotels heute. Die eigene Tuchindustrie florierte, und die Villefrancher Hanfseile standen bei Saône- und Rhôneschiffern hoch im Kurs. Sonst bescherte die Ebene gute Weizenernten. In den Hügeln sah es dagegen recht düster aus, denn die Böden gaben wenig her. Zwar pflegte man Weingärten, aber Weinbau war keine lukrative Sache. Das Burgund versperrte nämlich der Konkurrenz durch hohe Zölle den Weg flußauf.

Im Burgund tat man alles, um den Rotwein der Nachbarn zu diffamieren. Man nannte ihn ›corrosif‹, was sowohl ätzend wie giftig bedeutet. Schon 1395 hatte Philipp der Kühne den ›infamen Gamay‹, die im Beaujolais angepflanzte Rebsorte, verboten. Dabei hatte er es weniger auf die unabhängigen Nachbarn abgesehen – denn politisch gehörte das Beaujolais nie zu Burgund –, sondern auf die eigenen Winzer. Auf den Burgunder Böden ergab der Gamay ebenso schlechte Qualitäten wie hohe Erträge. Kühn um die Qualität besorgt, untersagte der Herzog seinen Untertanen außerdem das Düngen der Weingärten und genehmigte Neupflanzungen nur in besonders geeigneten Lagen. Mit Wirten, die panschten, ging man im Burgund nicht zimperlich um. Man trichterte ihnen so lange von ihrem Gesöff ein, wie sie noch schlucken konnten. Im Beaujolais ist man nie so rigide gewesen. Nur erfreute sich, seit Ludwig der Fromme den Verräter Ganelon in einem mit Nägeln gespickten Faß seinen Burgberg hatte hinabrollen lassen, das Faß einer gewissen Vorliebe bei der Justiz.

Was den Burgundern im Zollwesen recht war, war den Beaujolaisern billig. Gelangte kein Gamay die Saône hinauf, so kein Pinot noir herab. Trotzdem sehnte man sich danach, den eigenen Wein nach Paris zu verkaufen. Nachdem 1642 der Briare-Kanal die Loire mit Paris verband, begannen Weinbau und Weinhandel im Beaujolais aufzublühen. Nun transportierte man die ›pièces‹ auf dem alten Weg von Belleville über Beaujeu, Les Echarmeaux, Chaufailles nach Charlelieu. In Pouilly-sous-Charlelieu verschiffte man sie nach Paris. Der Zugang zur Kapitale verzwanzigfachte den Weinhandel zwischen 1700 und 1769 auf stolze 160 000 Hektoliter.

Retter der Reben

Mit dem ersten Aufschwung im Weinbau begann sich ein eigenes System der Bearbeitung zu entwickeln, das noch heute existiert: die Landpacht. Im Grunde war das Land danach aufgeteilt, was eine Familie bearbeiten konnte. Früher schafften Mann und Frau zwei, drei, höchstens vier Hektar. Heute sind es vier bis acht. Trotz der recht vielen Châteaux und Herrenhäuser, die über das Beaujolais verteilt sind, gibt es nur wenige größere Güter. Diese werden überwiegend unter Landpächter aufgeteilt, oft schon seit Generationen an dieselben Familien. Nicht selten besitzen die ›metayers‹ auch selbst einen eigenen Weinberg. »Das Château de la Chaize, das sich über Odenas erstreckte«, erklärt der agile Historiker Jean-Jacques Pignard, »bestand aus Hunderten, sogar Tausenden von kleinen Pachthöfen, ›voisinées‹, auf denen der loyale Weinbauer und sein umgänglicher Gutsherr in relativer Harmonie lebten.« Die Besitzer sorgten für Dünger und Spritzmittel und beteiligten sich an den Lesekosten, der Pächter gab seine Arbeitskraft.

Harte Zeiten für beide Seiten brachte das letzte Jahrhundert. Zuerst plagte die Pyralislarve die Reben und verursachte schwere Schäden, ohne daß man etwas dagegen zu unternehmen wußte. Eines Tages bemerkte Benoît Raclet, ein Winzer aus Romanèche, daß ausgerechnet der Rebstock, über den seine Magd das Abwaschwasser auszuschütten pflegte, gesund geblieben war. Raclet ging sofort daran, diese Methode in seinen Weinbergen auszuprobieren: mit Erfolg. Doch er wurde noch lange verlacht, bis seine Kollegen bekehrt waren und ihre Rebstöcke mit heißem Wasser

behandelten. Kaum war man über das eine Übel Herr geworden, folgte das nächste, drastischere. Die Reblaus wütete in den Weingärten. Wieder zählte ein Mann aus dem Beaujolais zu den Rettern: Victor Pulliat aus Chiroubles. Er propagierte das Pflanzen resistenter amerikanischer Stöcke als Pfropfunterlage, ein Verfahren, das sich überall in Frankreich durchsetzte. Der dritte im Bunde der ›Retter unserer Reben‹ – nimmt man die Heilige Jungfrau aus – wurde Victor Vermorel, der den ersten Pulverisator erfand, mit dem man gegen Pilzkrankheiten wie Meltau vorgehen konnte.

Zapfen wie ein Glöckner

Der Gamay noir à jus blanc, der schwarze Gamay mit dem weißen Saft, ist König im Beaujolais und beherrscht 98 Prozent aller Reben. Er soll aus Dalmatien stammen, und von den Römern um 280 nach Lugdunum, Lyon, gebracht worden sein, von wo es bis zu den sonnenzugewandten Hängen Bellijocums nicht weit war. Knapp 700, nach anderer Quelle 750 Jahre später findet man den ersten Weinberg schwarz auf weiß. Daß man bereits im 13. Jahrhundert im Beaujolais süffigen Wein zu machen verstand, beweist die französische Redensart »Zapfen zum Läuten der Rigaud« oder »Zapfen wie ein Glöckner«. Die Familie Rigaud, nach der ein Lyonnaiser Stadtteil benannt wurde, besaß im Dorf Saint-Julien ein Schloß als Sommersitz, zu dem Weinberge gehörten. Als Odon Rigaud, zum Prälat des erzbischöflichen Sitzes in Rouen aufgestiegen, 1282 seiner Kathedrale eine Glocke stiftete, gab er einen Weinberg dazu, dessen flüssiger Ertrag die Glöckner bei Laune halten sollte. Bald nannte man die Glocke nach ihm, der Durst der Glöckner wurde sprichwörtlich, und selbst die Erzbischöfe sollen vom geopferten Beaujolais reichlich gezapft haben.

Im Beaujolais ist es eine Tradition, daß Handreichungen aller Art mit einem guten Schluck belohnt werden. Oft floß der Wein großzügig. Einem Glaser jedoch, der auf einer Domäne eine Scheibe eingesetzt hatte, bot der knauserige Gutsherr nach getaner Arbeit nur ein halbvolles Glas an. Da zog der Geselle seinen Diamant aus der Tasche und schnitt mit einem Schwung das Glas direkt über dem Wein ab. »Was fällt dir denn ein!« empörte sich der Geizhals. »Ich«, erwiderte der Bursche, »trinke keine Luft.«

Das Beaujolais ist ein liebenswerter Landstrich. Seine anmutige Landschaft erinnert mit ihren Weinbergen, Hängen, Tälern und den darin eingebetteten alten Dörfern, aus denen die Kirchtürme aufragen, an Bilderbücher und Postkartenidylle. Liebenswert ist das Beaujolais auch wegen seiner Menschen, die so gut in dieses Land passen. Sie sind herzlich und entgegenkommend, und der Wein ist Symbol und Diener ihrer jovialen Art, der es nicht an Schalk fehlt. Auf den Märkten begleitet ungezähltes Händeschütteln den immer neuen Versuch, den anderen auf den Arm zu nehmen und selbst jede listig-lustige Anspielung zu kontern. Man weiß noch alten Damen mit silberblauen

Dauerwellen zweideutige Nettigkeiten zu sagen, geschweige denn jüngeren. Im Bistro wacht die Obrigkeit vor sich wundersam nachfüllenden Gläsern. Ein ›demi‹, überall sonst in Frankreich ein Glas Bier, ist im Beaujolais, wo man selbst Bier in Weingläsern ausschenkt, selbstverständlich eine Karaffe Wein, ein halber ›pot‹. Im Bistro trifft man sich zu jeder Tageszeit, und jede Tageszeit ist recht für ein ›demi‹ oder mehr. Seine Landsleute und ihr Verhältnis zum Wein kommentierend, sagte Gabriel Chevallier: »Je mehr man trinkt, um so netter findet man seine Frau, um so treuer seine Freunde, um so ermutigender die Zukunft und um so erträglicher die Menschheit.«

Vin nouveau: der

Zur Mittagszeit rollt in Frankreich der Verkehr spärlich. Um viertel vor zwölf wird man in Geschäften nicht mehr oder nur mürrisch bedient. Midi ist für Franzosen ein Heiligtum: Dann setzt man sich zu Tisch. Essen ist nicht einfach Nahrungsaufnahme, sondern Kult: eine Kultur, die auf Tradition, Bildung und Wissen beruht. Damit geht ein geschärfter Sinn für Qualität und Geschmack einher. Die Nouvelle Cuisine huldigt diesen Attributen und der Frische der Zutaten. Ob Küchenchef oder Hausfrau, beide sind erpicht auf neues Gemüse, frisches Obst, die Erstlinge von Spargel und Erbsen, Kirschen und Aprikosen. Früher erklärte sich die Begeisterung aus monatelanger Enthaltsamkeit. Dieses Vergnügen raubten uns Gewächshausfabrikation und exotische Lieferanten; das fortgesetzte Angebot ist allein schon deswegen fade. Trotz der Produkte der ›Contre-Saison‹ ringt man in Frankreich noch immer um Frühzeitigkeit. ›Primeurs‹ heißen diese jungfräulichen Genüsse, die es schaffen, ein paar Tage, bestenfalls zwei, drei Wochen vor der großen Flut einzutreffen. Der Primeur entspricht diesem Hang zur neuen Ernte.

Wo der Gamay edel ist

Damit der Beaujolais erfolgreich werden konnte, mußte man sich seines frischfruchtigen Potentials bewußt werden. Man mußte aufhören zu versuchen, Burgunder nachzuahmen. Wohl niemand propagierte den neuen Stil und ein neues Selbstbewußtsein mit so viel Elan wie Georges Dubœuf: »Erwarten Sie nicht von der Rebsorte Gamay, der einzigen auf dem Boden des Beaujolais kultivier-

köstliche erste Tropfen

ten, daß sie Ihnen Weine mit den entwickelten Aromen mancher Burgunder und Bordeaux gibt. Er ist einfach, direkt, ausgesprochen fruchtig, manchmal mit floralen Düften geschmückt.«

Der Gamay dankte den Beaujolaisern die Treue, die sie ihm trotz aller Schmähungen gehalten hatten. Die natürlichen Bedingungen des Beaujolais stellten sich als ideal für die Entwicklung seiner Qualitäten heraus. Das gemäßigte Klima, die gute Ausrichtung der Weinberge, der Schutz vor zuviel Regen durch die Barriere der Monts du Beaujolais und oft hohe Temperaturen zum Ende des Sommers begünstigen den Weinbau. Auf den kristallinen Böden der Crus erlangt der Gamay seine edelste Ausformung, seine intensivste Farbe und die feinsten Tannine. Die Crème der Primeurs reift im zentralen Teil, dem Gebiet des Beaujolais-Villages, auf kieselreichen, armen und trockenen Böden metamorpher Herkunft. Aber die besondere Fruchtigkeit des Vin nouveau feiert selbst auf den weniger erlesenen tonkalkigen Böden des Südbeaujolais Triumphe, vor allem seitdem man die Technik der Vinifikation besser beherrscht. Colette, die begeisterte Freundin des Beaujolais und des Weins, verstand ihn als Mysterium: »Im vegetalen Reich macht uns allein der Weinberg verständlich, was der wahre Geschmack der Erde ist. Welche Treue der Übersetzung! Sie fühlt mit, drückt durch die Traube die Geheimnisse des Bodens aus. Der Feuerstein läßt uns durch sie wissen, daß er lebendig, schmelzbar, nährend ist. Die unergiebige Kreide weint im Wein goldene Tränen. Ein Rebstock, über Berge und Meere getragen, kämpft, um seine Persönlichkeit zu bewahren und triumphiert bisweilen über mächtige anorganische Mineralien ...« Neben Boden, Rebsorte und Klima bestimmt der

Mensch Qualität und Charakter des Weines: zum einen in der Bearbeitung der Rebe, zum anderen in der Bereitung des Weins.

Wenn die weiße Lilie blüht

Im Beaujolais pflanzt man zwischen 9000 und 13 000 Rebstöcke auf den Hektar. Der Gamay ist eine natürlich produktive Sorte, deshalb pfropft man ihn – meist die Sorte ›Geoffrey‹ – auf wenig vigoröse Unterlagen, die man mit Holzpflöcken stützt. Ein für das Beaujolais im Winter und Frühjahr typisches Bild sind die mit hellen Pflöcken gespickten Weinberge. Bei der vorgeschriebenen Pflanzdichte beschränkt jeder Stock seinen Nach-

barn und läßt ihn leiden. Das führt zu geringerem Ertrag und einer Konzentration der Aromen und Farbstoffe.

Die langwierigste Arbeit für den Weinbauer ist das Schneiden, das ausgerechnet zur kältesten Jahreszeit durchgeführt werden muß, wenn die Rebe ruht. Obwohl der Winzer sein eigener Herr und stolz auf die daraus resultierende Freiheit ist, bleibt ihm selten die Wahl. Ganz gleich, welcher Wind weht, ob die ›Traverse‹ aus Westen oder die ›Brise‹ aus Norden, er muß in den Weinberg und Stock um Stock Trieb auf Trieb schneiden. Im Beaujolais überwiegt der Becherschnitt. Im Süden sieht man öfter Guyot- oder Fächerschnitt, bei dem man neben ein bis zwei Zapfen mit jeweils zwei Augen einen Trieb mit höchstens acht Augen stehen läßt, um ihn auf Spalier, in diesem Fall auf Eisendraht, zu ziehen. Auch ein Mischschnitt ist dort zugelassen, aber nie darf die Zahl von zwölf Augen überschritten werden.

Die Rebe hat viele Feinde, vor denen sie der Winzer schützen muß, wenn er guten Wein erhalten will. Vom Unkraut setzt die Quecke dem Gamay am meisten zu. Da die Stöcke eng stehen und niedrig sind, ist Pflügen nicht leicht. Mit Pferd oder Winde ging es, aber mit hochbeinigen Traktoren, die über den Reihen schweben, ist es ein technisches Problem. Thierry Doat zerbricht sich seit 1983 darüber den Kopf. Seit damals stellt er die 17 Hektar das Château de Boisfranc in Jarnioux auf biologischen Anbau um. Obwohl er weit mehr als die Hälfte davon ohne chemische Unkrautvernichter bearbeitet, ist er noch immer mit der Hacke unterwegs, eine Tantalusarbeit. Gegen die den Wein attackierenden Insekten geht Doat, der den einzigen biologischen Primeur keltert, mit biolo-

gisch abbaubaren Mitteln vor und kommt mit zwei Spritzungen aus, während seine Nachbarn sechs- bis siebenmal zur Chemie greifen müssen. Ohne ständige Pflege wird der Winzer nicht die gesunden Trauben lesen können, die Voraussetzung für jeden guten Wein sind, die aber unbedingt einwandfrei zu sein haben, wenn man einen Primeur machen will.

Wenn die weiße Lilie, die man in den Weingarten pflanzte, ihre edlen Blüten öffnet, sind es noch genau drei Monate bis zur Lese. Selbstverständlich nehmen die Önologen trotzdem Proben, um die optimale Reife – meist Mitte September – zu signalisieren. Die letzten Wochen und Tage entscheiden alles. Erst dann entwickeln sich die Qualitäten oder

tritt bei schlechtem Wetter der Feind Nummer 1, der Grauschimmel, auf. Je reifer die Trauben werden, desto aromatischer, süßer und farbintensiver wird der Wein; nur geschieht dies nicht synchron. Der Höhepunkt der Aromen liegt kurz vor der Reife. Bei Überreife schwinden sie rasch, während der Zuckergehalt rapide ansteigt. Hier zählen Erfahrung, Intuition, Philosophie. Wer Primeur macht, wird versuchen, dann zu lesen, wenn sich die Kurven von Aroma und Zucker schneiden, man ein Maximum an Aromen bewahrt, aber doch so viel an potentiellem Alkohol wie möglich einbringt. Zudem verlangen die AOC-Bestimmungen Mindestmostzuckergehalte, die beim einfachen Beaujolais 9 Prozent, beim Beaujolais Supérieur, beim Beaujolais-Villages und bei den Crus 10 bis 10,5 Prozent Alkohol entsprechen.

Von der Lust der Lese

Im Beaujolais ist die Weinlese noch ein Fest. Erntehelfer kommen aus Burgund und von der Rhône, aber jedes Jahr stellen sich auch viele Studenten ein. Nach wie vor werden die ›vendageurs‹ von ihrem ›patron‹ verköstigt. Vater Staat setzt nicht nur den Mindestarbeitslohn fest, sondern ebenso die Liter Wein pro Tag, die Pflücker und Träger erhalten. Die Lese ist ein hartes Brot, besonders für den Rücken. Trotzdem geht es hoch her. Männer

und Frauen schuften Seite an Seite, lachen und stöhnen, schwitzen und frieren, scherzen und trinken gemeinsam. In vielen Caves zeugen so ereignisreiche wie schlechte Wandmalereien von der Lust der Lese. Pierre Tawain hat seine ›Schöne aus Osier‹, die – früh verwitwet – sich voll und ganz dem Dienst der männlichen Bevölkerung ihrer Gemeinde hingab, das Traumbild von Winzern und Gehilfen beschwören lassen. »So von ihren Sorgen und ihrer Kleidung befreit, badete die junge Frau von den Füßen bis zum Hals im Traubenmost. Sie schien sich nicht zu genieren, die Lese im Evakostüm zu walken. Voller Leidenschaft und mit ganzem Herzen gab sie ihr Bestes und hinterließ ihren Stempel. Als ihr Oberkörper aus der Bütte

auftauchte, ganz vom Blut der Erde umglänzt, erhoben sich Bewunderung wie Versuchung.« Wein, Weib und Gesang sind auch im Beaujolais Tradition.

Als einzige Weinregion der Welt bewahrte das Beaujolais eine alte Methode der Vinifikation, die Qualität und Charakter seiner Weine prägt, ›macération semi-carbonique‹ genannt. Die Beeren werden in 70 bis 80 Kilo fassenden Bütten unversehrt zur Cave gebracht und in Gärbottiche geschüttet, wobei nicht mehr als 10 bis 15 Prozent zerdrückt werden. (Auf den Châteaux des Beaujolais findet man imposante Kellereigebäude, in denen sich Dutzende hölzerner Gärbottiche aneinanderreihen.) Der Most auf dem Boden der Bottiche beginnt zu gären. Dabei bildet sich Kohlensäure, die nach und nach die Atmosphäre, in der die Trauben liegen, saturiert. Die Beeren saugen den letzten Sauerstoff auf, der der anhebenden innerzellularen Gärung als Energie dient, bevor sie gezwungen ist, die eigenen Energiereserven der Beeren aufzuzehren. In diesem Prozeß, bei dem keine Hefebakterien beteiligt sind, werden die in der Schale enthaltenen Farb- und Aromastoffe optimal freigesetzt, Alkohol entsteht als Abfallprodukt, und ein Teil der Säure wird bereits abgebaut.

Früher kelterte man beim Primeur schnell. Die neue Kellereitechnik erlaubt ein anderes Vorgehen. Mit ihr vermag man die Temperatur unter Kontrolle zu halten, denn Aromen verflüchtigen sich, wenn es zu heiß wird. »Die Vinifikation des Primeurs von drei oder vier Tagen gibt es praktisch nicht mehr«, sagt Jean-Pierre Thomas, sympathischer Direktor der Cave Coopérative in Liergues, die jährlich an die 25 000 Hektoliter Primeur und Vin nouveau verkauft. »Heute sind es fünf oder sechs Tage, aber auf niedrigerer Temperatur, als es früher geschah.« Bei der Weinbereitung unterscheiden sich Primeur und Vin nouveau nur in einer Nuance, so wie bei Zwillingen einer zuerst auf die Welt kommt. Es geht mehr um die Degustation. Nur in recht guten Jahren mit relativ hohem natürlichen Mostzuckergehalt und gesunden Trauben kann man die Temperatur bis auf 20 °C senken, was für einen Rotwein erstaunlich niedrig ist. Dann entwickeln sich außer Erdbeer- und Himbeeraroma auch die gesuchten Aromen von Banane und englischen Fruchtbonbons.

Ein Thema sorgt immer wieder einmal für Schlagzeilen: das Zuckern. Es hat mit der simplen Tatsache zu tun, daß es den nördlichen Weinregionen an Sonne mangelt. So kam man auf die Idee, der Natur, wenn es sein muß, nachzuhelfen. Dabei müssen Spielregeln beherzigt werden. Europa wurde in Zonen aufgeteilt, in denen man wenig oder mehr zuckern darf, was man in Frankreich ›Chaptalisation‹ nennt. »Die Chaptalisation ist legal«, betont Jean-Michel Duval, Direktor des INAO, des Institut National d'Appellation d'Orgine, in Villefranche. »Im Beaujolais darf man 2 g Alkohol pro Liter chaptalisieren. Man muß dazu wissen, daß der Gamay eine Rebsorte ist, die nicht sehr reich an Zucker ist . . . So gibt es Jahre, wo es schwierig ist, diese Reglementierung zu respektieren.« Die Winzer sträuben sich dann einzusehen, daß sie eine ganze Ernte als ungenießbar abschreiben sollen, nur weil sie die fehlenden Gramm Zukker nicht in den Most tun dürfen, die ein Stück weiter nördlich erlaubt sind. »Ich war nie für oder gegen Chaptalisation«, erklärt Dubœuf. »Ich bin für gute und gegen schlechte Weine, für ein gutes Produkt, einen parfümierten, fruchtigen angeneh-

men Wein. Dafür braucht man ein Minimum an Alkohol, das von den Jahrgängen abhängt. Ein gutes Gleichgewicht für den einfachen Beaujolais liegt zwischen 12 und 12,5 Prozent. Das ist meine Ansicht und meine Erfahrung. Für mich zählt die Degustation.« Tatsache ist, daß der Süden des Beaujolais erst gute Qualitäten brachte, nachdem man zum Chaptalisieren überging, das sich die Crus – ganz zu schweigen vom Burgund – lange vorher hatten erlauben können, denn Zucker war eine Geldfrage. Durch die Zuckerzugabe bei der Gärung wird zwar der Alkoholgrad erhöht, aber es geht um Wichtigeres. Sie hilft Farbstoffe und Tannine zu lösen, die dem Wein Qualität verleihen,

und balanciert als Gegengewicht zur Säure den Wein sozusagen aus, gibt ihm Samtigkeit. Was in geringer Quantität dazu beiträgt, daß der Wein seine Persönlichkeit ausdrücken kann, dient in Überdosen manchmal dazu – nicht selten wegen Überproduktion –, charakterlose Weine aufzupäppeln. Und da hört das Verständnis auf.

Je nach Weintyp zieht der Winzer oder Kellermeister den Wein früher oder später ab, um ihn zu keltern, einen Primeur nach vier, fünf Tagen. Die Größe der Kelter entspricht der des Gärbottichs. Das ist Tradition im Beaujolais. Wenn der halbvergorene Most aus der Presse zu tropfen beginnt, werden die ›tassées‹, die flachen Verkostungsschalen, daruntergehalten, denn jeder will das ›Paradies‹ schmecken. Der gekelterte Most wird mit dem bereits abgezogenen zur ›Cuvée‹ zusammengetan. Eine Woche lang setzt sich die alkoholische Gärung auf niedriger Temperatur fort.

Kriterium für die Genehmigung eines Primeurs oder Vin nouveau ist der Abschluß der malolaktischen Gärung, bei der Apfelsäure in Milchsäure und Kohlendioxid umgewandelt und der Säuregehalt des Weins erheblich reduziert wird. Die ›Malo‹ bereitet Winzern und Vinifikatoren oft Kopfschmerzen. Manchmal will sie einfach nicht beginnen oder entwickelt sich anders als gewollt. Immerhin war das Verständnis von ihren Abläufen die technische Voraussetzung für den Erfolg des Primeurs. Durch sie wird der Wein bekömmlich und stabil, und der hohe Kohlensäuregehalt – den man sogar etwas senken muß – verleiht ihm Spritzigkeit.

Die Feinheiten des Primeurs

Die Begriffe Primeur und Vin nouveau werden nicht nur von Weinliebhabern wechselweise verwendet. Im Gesetzestext heißt es: »Diese Weine müssen als ›Vin primeur‹ oder ›Vin nouveau‹ ausgezeichnet sein und auf ihrem Etikett einen Vermerk des Erntejahres tragen.« Den gravierendsten Unterschied gibt es in den Regeln der Vermarktung. Der Primeur darf nur bis zum 31. Dezember in Läden und von Händlern angeboten werden, der Vin nouveau bis zur neuen Ernte. Allerdings trennen das Gespann ein paar Feinheiten. Der Primeur ist ganz darauf ausgerichtet, jung zu bestechen. Er präsentiert sich fruchtig, leicht, intensiv duftend. Nur verzichtete man darauf, ihm die Tannine ausreichend mitzugeben, die zur Konservierung eines Weines beitragen. So frisch und flott er ist, so schwächlich ist er von Struktur. Das heißt nicht, daß er plötzlich an Neujahr umkippt, aber wenn das Frühjahr kommt, verblassen seine Qualitäten. Dem Vin nouveau hat man ein längeres Leben beschieden, indem man ihn etwas später kelterte. Auch im Sommer wird man ihn noch fruchtig finden, obwohl dann sein Parfüm oft an Intensität verloren hat. Praktisch wird er jedoch vom Konsumenten dem Primeur gleichgestellt und im November und Dezember erstanden und genossen. Ein echter Primeur verfügt über das gewisse Etwas, einen Touch mehr an Eleganz, die bezaubert, aber schnell verfliegt.

Nicht allein die natürlichen Bedingungen, die Pflege des Winzers und das Können des Weinmachers bestimmen seinen Charakter, auch die Händler haben ihre Nase im Spiel. Sie machen Assemblages, mischen Weine aus verschiedenen Caves, um einen Typ zu erreichen, der ihren Kunden gefällt. Ihr Geschick besteht darin, bestimmten Abnehmern in bestimmten Regionen oder Ländern bestimmte ›Cuvées‹ zuzuordnen. Wir Deutschen gelten als Liebhaber leichter Primeurs in französischem Stil, während man nach Skandinavien und nach Japan – dort wegen des Klimawechsels – konsistentere Weine entsendet. Manche Händler schicken deutschen Kunden derbere Vins nouveaux, die auch an den Mann gebracht werden. Hans Peter Puchert, Geschäftsführer der Firma Segnitz, die einer der Wegbereiter des Primeurs bei uns war, klagt: »In der Hauptsache wird Beaujolais Nouveau in der Bundesrepublik über den Preis verkauft, was zu ganz erschreckenden Qualitäten führte.« Hat man Lust auf einen Primeur oder Vin

nouveau, sollte man deshalb nicht den Groschen umdrehen. Das lohnt sich nicht in einer ohnehin erschwinglichen Preisklasse. Man kann nämlich mit einiger Sicherheit davon ausgehen, daß die teureren Weine tatsächlich die besseren sind.

Einen Anhaltspunkt gibt auch die AOC-Bezeichnung. Ein Beaujolais-Villages Primeur oder Nouveau ist ein feinerer und eleganterer Wein, der einfache Beaujolais Primeur oder Nouveau etwas rustikaler. Dem Namen von ›Négociants‹ – Weinhändlern – auf dem Etikett kann man Vertrauen entgegenbringen, wenn sie ein Renommee zu verteidigen haben. Zeichnet ein Winzer, eine Domaine oder ein Château als Abfüller, heißt das

nicht unbedingt, daß der Wein exzellent ist, aber es handelt sich wenigstens um einen ehrlichen Tropfen, für den sein Erzeuger geradesteht. Vins nouveaux werden auch ›en vrac‹ in Tanklastwagen in die Bundesrepublik geschleust und hier auf Flaschen gezogen. Man kann dabei einmal Glück haben. In der Regel sollte man sich als Weinfreund weder beim Beaujolais noch bei anderen Weinen darauf einlassen, wenn man erste Qualität sucht. Die besten Cuvées versteht man immer sich an Ort und Stelle zu sichern, und beim Primeur garantiert nur eine zügige Abfüllung im Beaujolais, daß sein besonderer Geist auch in der Flasche gefangen wurde.

Who is who in

Auch bei Weinen kommt es auf die Persönlichkeit und den Charakter an. Nicht jeder verfügt über sie. Im Club der ›Appellations d'Origine Contrôlée‹ sind sie Voraussetzung, was nicht ausschließt, daß sich blasse und nichtssagende Typen hin und wieder einschleichen. Man gibt sich Mühe, das zu unterbinden, indem man präzise Abgrenzungen und Vorschriften schafft. Das Weinbaugebiet des Beaujolais wurde auf 22 000 Hektar abgesteckt, auf denen durchschnittlich 1,3 Millionen Hektoliter Wein erzeugt werden. Entsprechend den Bodenverhältnissen teilte man es in verschiedene Lagen auf: in zwei Großlagen und zehn Crus. Im Süden liegt die AOC Beaujolais, die knapp 9000 Hektar Reben umfaßt und wo jährlich eine halbe Million Hektoliter Rotwein gekeltert werden. Im Rekordjahr 1987 erhielten davon 460 000 Hektoliter die Billigung, als Vin nouveau zu erscheinen, darunter 6000 Hektoliter Beaujolais Supérieur. Eine solche Genehmigung wird nach Analysen und einer prüfenden Degustation erteilt. Der Unterschied zwischen dem einfachen und dem höheren Beaujolais ergibt sich aus dem vorgeschriebenen Mindestmostgewicht. Der erste muß minimal 9 Prozent potentiellen Alkohol aufweisen, der zweite 10 Prozent. Bei beiden wurde – wie beim AOC Beaujolais-Villages – der Basisertrag auf 50 Hektoliter pro Hektar festgesetzt, doch ist ein Maximum von 66 hl/ha erlaubt, davon allerdings nicht mehr als 50 hl/ha Vin nouveau. Als AOC Beaujolais wurden auch die niedrigeren Lagen des Nordens, die aus Schwemmland bestehen, eingestuft. Der dort gekelterte einfache Beaujolais bietet sich dazu an, jung getrunken zu werden, wenn nicht als Primeur, dann doch im Laufe des Jahres. Oft erhält er durch das Altern einen erdigen Beigeschmack.

Beaujolais

Von Lagen und Weinen

Das Kernstück des AOC Beaujolais-Villages, der auf etwas mehr als 6000 Hektar gedeiht und rund 330000 Hektoliter Ertrag erbringt, deckt sich mit dem geographischen Zentrum des Landstrichs. Die metamorphen Böden, auf denen er wächst, verleihen ihm Eleganz und Finesse als Primeur und geben ihm bei längerer Vinifikation eine Struktur, die es ihm erlaubt, sich über mindestens ein, zwei Jahre zu entwickeln. 39 Gemeinden dürften als auserkorene Villages diese Bezeichnung durch ihren Dorfnamen ersetzen. Davon wird jedoch wenig Gebrauch gemacht. Die bekanntesten Dörfer sind Beaujeu, Blacé, Cercié, La Chapelle-de-Guinchay, Denicé, Saint-Etienne-des-Ouillières, Saint-Etienne-la-Varenne, Jullié, Saint-Lager, Quincié und Vaux-en-Beaujolais.

Unter diesen Dörfern spielen die zehn Crus eine Sonderrolle. Sie liegen auf einem kristallinen Block in der nördlichen Hälfte des Beaujolais, den das Tal der Ardière durchtrennt. Im Basisertrag wurden sie auf 40 hl/ha beschränkt, was bedeutet, daß die effektive Menge unter 50 hl/ha bleiben sollte. Insgesamt erzeugen die Crus knapp ein Fünftel der Gesamtmenge an Beaujolais. Die Spitzengewächse Saint-Amour, Juliénas, Chénas, Moulin-à-Vent, Fleurie, Morgon, Chiroubles, Régnié, Côte de Brouilly und Brouilly zeichnen sich durch edlere und kräftigere Weine aus, die es vertragen, wenn man sie ein paar Jahre im Keller schlummern läßt. Nur in seltenen Jahrgängen darf man sie jedoch als langlebig einstufen. Ihre Aromen variieren je nach Lage und Jahrgang, reichen aber von Weinbeere über kleine rote Früchte zu Pfirsich und

Aprikose, von Veilchen über Iris zu Pfingst- oder verblühter Rose und beim Morgon bis zu Kirsche. Oft bezaubern sie bereits jung getrunken, doch es ist untersagt, sie als Primeurs oder Vins nouveaux herauszubringen. Häufiger aber kommt es vor, daß sie zu jung getrunken werden, noch bevor sie ihr ganzes Potential entfalten konnten.

Von Winzern und Caves

Das Beaujolais ist ein Land freier Weinbauern. Den größten Teil seiner Rebfläche teilen sich kleine Winzerbetriebe. 2400 Weinbauern besitzen zwischen 1 und 4 Hektar, 1400 von 4 bis 7 Hektar Weinberge. Große und mittlere Güter und Domänen gibt es relativ wenige. Im Hinblick auf den Primeur kommt den Genossenschaften eine herausragende Bedeutung zu. Als dieser Weinstil Anfang der fünfziger Jahre begann, langsam an Boden zu gewinnen, wurden sich einige Winzer bewußt, daß man für aromareiche Weine eine Kellereitechnik benötigte, die der einzelne kleine Winzer weder beherrschen, noch sich leisten konnte. So ist es nicht verwunderlich, daß von den 13 Caves Coopératives, die in den Regionen des Beaujolais und des Beaujolais-Villages liegen, 8 in den Jahren zwischen 1954 und 1960 entstanden, allein 7 in dem bis dahin wirtschaftlich benachteiligten Süden. Die erste Generation der Genossenschaften war in der Zeit von 1927 bis 1932 dem Vorbild des Midi gefolgt, darunter die Cave Coopérative von Fleurie, die von der großen Dame des Beaujolais Marguerite Chabert zum Erfolg geführt wurde. Im Süden brauchte es Pioniere wie Louis Bréchard aus Chamelet oder Joannès Papillon, den

Initiator der Coopérative von Saint-Laurent d'Oingt, um die zögernden Kollegen von den Vorzügen der Zusammenarbeit zu überzeugen. »Früher hatte der Wein oft einen Geschmack nach altem Holz«, erzählt Veteran Papillon, »denn die Fässer waren schlecht unterhalten. Der Winzer hatte keine Zeit. Er zog den Wein ab, um am nächsten Morgen im Weingarten mitlesen zu können. So war der Wein niemals perfekt. Wir hatten guten Wein, aber wir wußten nicht, ihn zu machen.« Das änderte sich dank des Engagements einiger beherzter Männer. Heute sind von etwa 4500 Winzern im Beaujolais 3800 Mitglieder von Genossenschaften.

Von Maklern und Händlern

Winzer anderer Weingegenden Frankreichs beneiden ihre Kollegen im Beaujolais um die gesunde wirtschaftliche Struktur, die sich auf den Weinhandel gründet. Händler, Kommissionäre und Winzer leben in einer Symbiose. Daß der Beaujolais sich sowohl auf dem innerfranzösischen Markt wie im Ausland so erfolgreich durchsetzt, ist dem Handel zu verdanken. Die Kommissionäre stellen das Bindeglied zwischen Weinbauer und Großhändler dar. Ein Teil der ›Négociants‹ vertreibt den Beaujolais regional, der andere – gewichtigere – zieht die Weine selbst auf Flaschen.

Unter den Flaschenabfüllern ist Georges Dubœuf König, der – als er sich mit 24 Jahren selbständig machte – die erste fahrbare Abfüllanlage Frankreichs konzipierte. Heute füllen Dubœuf und sein Sohn Franck rund ein Zehntel der Gesamtproduktion des Beaujolais ab.

Berühmt für seine Seriosität und Erfahrung ist Louis Tête in Saint-Didier-de-Beaujeu, der um die 30000 Hektoliter vermarktet. Mommesin in Mâcon vertreibt nicht nur große Burgunder, sondern auch mehr als 50000 Hektoliter Beaujolais. Unter den insgesamt 70 eingetragenen Weinhändlern der Region gibt es viele renommierte wie David & Foillard in Saint-Georges-de-Reneins, die Firma Gobet in Blaceret, Robert Felizatto mit seinen Caves de Champclos und die Gesellschaft Vernaison in Belleville. Im selben Städtchen agiert Pierre Ferraud mit seinem Sohn, und ganz in der Nähe führt Pierre Sarrau, der sich in der UIVB engagiert, die Caves de l'Ardière.

Große Firmen wie Piat, Calvet, Bouchard oder

Patriarche lassen sich den Beaujolais-Markt selbstverständlich nicht entgehen. Andererseits haben Meisterköche wie Bocuse – der einen Weinberg bei Létra besitzt – oder Troisgros ihre eigene Beaujolais-Marke, die sie auch exportieren.

Bekannte Châteaux im Beaujolais sind das bereits erwähnte Château de la Chaize in Odénas, das Château Portier mit seinem Moulin-à-Vent, das Château Câpitans in Fleurie oder das Château Thivin, dessen Côte de Brouilly nicht nur deshalb berühmt ist, weil sich Colette daran labte. Es gehört der Familie Geoffray. Der verstorbene Claude Geoffray zählte mit dem Abgeordneten Jean Labarde und Jean Petit zu den Gründern des Beaujolaiser Weinbauverbandes und zu den Architekten des Erfolgs des Beaujolaisweins. Er initiierte die ›Maison des Beaujolais‹ an der Nationalstraße 6, deren Beispiel Schule machte. Heute gibt es 23 Probierkeller im Beaujolais.

Fast alle wichtigen Weinbau- und Weinhandelsorganisationen befinden sich unter einem Dach am Boulevard Vermorel 210 in Villefranche, darunter auch die Union Interprofessionelle des Vins du Beaujolais UIVB. Ihr Direktor Gérard Canard fungiert als Generalsekretär der ›Compagnons du Beaujolais‹. Diese Weinbruderschaft wurde 1949 gegründet und viele Jahre von Léon Foillard geleitet. Jedes Jahr hält sie in ihrem Stammsitz in Lacénas vier Hauptsitzungen ab, auf denen jeweils zahlreiche neue Mitglieder darauf eingeschworen werden, die Liebe zum Land und zum Wein des Beaujolais zu schüren. Ihrem Präsidenten Henri de Rambuteau verdankt dieses Büchlein viele Anregungen.

Vin de Morgon
Vin de Brouilly
Habit de
Negociant beaujolais

Von Köchen und Wirten

Mit der Bresse, dem französischen Geflügelparadies, gegenüber und dem Rindfleischdorado Charollais in der Nachbarschaft blieb dem Beaujolais nichts anderes übrig, als eine Feinschmeckerregion zu werden, zumal die Saône mit zusätzlichen Leckerbissen aufwartet. In den meisten Restaurants ißt man reichlich, ordentlich und preiswert. Ein gutes Beispiel dafür ist ›Anne de Beaujeu‹ in der alten Hauptstadt des Landes. Sympathisch sind auch das ›Relais des Caveaux‹ in Villié-Morgon oder die ›Auberge du Pont de Morancé‹ bei Anse. Gourmets kommen in Chénas bei Daniel Robin auf ihre Kosten, von dessen herrlicher Terrasse man auf die Moulin-à-Vent und weit über das breite Tal der Saône blickt. Der Eßsaal verbindet

Eleganz und Rustikales miteinander, eine für das Beaujolais typische Mischung. Wenige Kilometer weiter, in Fleurie, steht in der ›Auberge du Cep‹ ein Meister am Herd: Gérard Cortembert. Außer regionalen Spezialitäten bietet er seinen Gästen – dank Wolfram Siebecks Empfehlung oft die Hälfte Deutsche – eine persönliche Karte, auf der sich Hummer und Langusten ein Stelldichein geben. Der dritte im Bunde der Kochstars im Nordbeaujolais ist Guy Fauvin im gepflegten ›Les Maritonnes‹ in Romanèche-Thorins. Wie seine beiden nahen Kollegen brilliert auch er mit Bresse-Geflügel und Saône-Fischen.

Auf der anderen Seite des Flusses liegt Thoissey mit seinem ›Chapon Fin‹. Sein Besitzer Paul Blanc machte sich um die Beaujolaisweine verdient, hat eine erlesene Weinkarte, bietet eine vorzügliche Küche und behagliche Unterkunft. Auf derselben Seite, fast auf einer Höhe mit Villefranche, lohnt sich in Fareins der Besuch bei Jean und Dalia Fouillet. Im Süden des Beaujolais triumphiert in Tarare Jean Brouilly, der seine Region wiederholt kulinarisch im Ausland vertrat. Wenn man dem Beaujolais huldigt, darf man Paul Bocuse nicht vergessen, bei dem man in Collonges-au-Mont-d'Or – vor den Toren Lyons – seine berühmte Suppe aus Schwarzen Trüffeln oder den mit Hummermousse gefüllten Seewolf en croûte speisen kann. Auch wenn der Meister unterwegs ist, was meistens der Fall ist, sorgt seine rechte Hand, Jean Fleury, dafür, daß es trotzdem schmeckt. Gediegen übernachtet man im Château de Chervinges, drei Kilometer von Villefranche entfernt. Auf dem Château de Pizay wird man in Neubauten komfortabel untergebracht. Viel Charme hat die Hostellerie Saint-Vincent mitten im Beaujolais in Salles-Arbuissonnas.

Der Erste unter

Der Beaujolais ist unbestrittener König unter den Vins primeurs, so unbestritten, daß andere Weine, die versuchen, auf seinen Erfolgszug aufzuspringen, dem Primeurfan oft gänzlich unbekannt sind. Weitere neun AOC-Rotweine dürfen in Frankreich als ›vin primeur‹ oder ›vin nouveau‹ erscheinen: Côtes du Rhône, Coteaux du Tricastin, Côtes du Ventoux, Coteaux du Languedoc, Côtes du Roussillon, Coteaux du Lyonnais, Tourraine, Anjou und Gaillac. Die drei letzten müssen dazu ausschließlich Gamay noir lesen. Allein die Côtes du Rhône bringen es auf eine beachtliche Menge, die um 100000 Hektoliter kreist. Obwohl man im Rhônetal bis zu dreizehn Rebsorten assembliert, wird der ›Côtes du Rhône Primeur‹ vorwiegend aus Grenache noir mit einem Zusatz von Syrah gekeltert, wobei dieser zwischen 10 und 25 Prozent ausmacht. Bei der Union des Vignerons des Côtes du Rhône in Suze-la-Rousse, zu der sich zehn Genossenschaftskellereien des Rhônetals zusammenschlossen, stützt man sich auf eine traditionelle Vinifikation. Nach einer kurzen Maischung werden die Trauben geklärt und der Most auf einer Temperatur von etwa 22 Grad vergoren. »Wir suchen zuerst die Aromen der roten Früchte und der Weinbeere«, sagt Önologe Alain Bayonne, »Himbeer, Schwarze Johannisbeere, ein wenig Erdbeer – und dann die Aromen der Gärung wie Englischer Fruchtdrops. Sehr kommt es uns auf ein lebendiges Rot mit violetten Reflexen an.« Spezialisten für Primeur sind die Caves Coopératives von Coste Belle und Costes Rousses in Tuilette, wo man an die 20000 Hektoliter erzeugt. Unter der Prestigemarke ›Les Celliers des Dauphins‹ vertreibt die Union 800000 Flaschen, von denen ein beträchtlicher Teil bei uns getrunken wird.

den Ersten

Muscadet, der weiße Bruder

Obwohl Roséweine als Vins primeurs erlaubt sind, finden sie bislang wenig Zuspruch. Das gleiche gilt für Weißweine, mit einer einzigen Ausnahme: dem Muscadet. Bei ihm besteht eine dem Beaujolais vergleichbare Tradition. Die Bürger von Nantes schätzen ihre Karaffe Muscadet so sehr wie die Lyonnaiser ihren ›pot‹. Auch der Muscadet ist ein Wein, der unbedingt jung getrunken werden sollte und den man, selbst wenn er von den besten Lagen der Sèvres-et-Maine kommt, in der Regel nicht länger als drei Jahre aufbewahren sollte.

Die Nantaiser waren so neugierig darauf, wie die Leute von Lyon den jungen Wein zu kosten. Daraus entwickelte sich eine besondere Methode. Sobald der Wein durchgegoren war, zog man einen Teil oben aus der Kufe ab, filterte ihn und füllte ihn auf Flaschen. Sein leichter und fruchtiger Charakter prädestiniert den Muscadet zum Primeur. Dessen Menge schwankt allerdings je nach Jahrgang. Bei großen Ernten versucht man möglichst viel frühzeitig zu vermarkten. Zeigen Jahrgänge wie 1985 und 1987 geringe Säure, sind sie von vornherein zum Primeur bestimmt und ideal als leichter Apéritif. Durchschnittlich kommt man auf ein Volumen von 15 000 Hektolitern.

Konkurrenten anderswo

Natürlich sehen Winzer anderer Länder heute nicht einfach zu, wenn ein Wein großen Erfolg hat. Die fleißigsten Imitatoren sind die Italiener (nimmt man die Vereinigten Staaten und den inneramerikanischen Markt aus), die zunächst mit dem ›vino novello‹ aus der Toskana Anschluß suchten. Dank der Pizzerien erfreut er sich recht guten Absatzes. Inzwischen haben auch spanische Kellereien begonnen, Primeurs zu lancieren, doch genießt man im dortigen Wirtschaftswunder lieber echten Beaujolais Nouveau. Sogar auf Zypern – zum Beispiel im Winzerdorf Omhodos – strengt man sich an, neuen Wein aus der Mavro-Traube zu erzeugen. Während sich Österreichs Winzer nicht genieren, einen Grünen Veltliner als Erstling zu präsentieren, bieten in Deutschland nur beherzte Sonderlinge eigene Primeurs an. So baut ein Winzer in Saulheim bei Mainz einen Sylvaner zeitig aus. »Die deutschen Winzer sind nicht marktorientiert«, konstatiert Gert-Hinrich Gerdes, Fernsehjournalist und mit der ›Französischen Weinbotschaft‹ im selben Ort liiert. »Sonst wäre ein deutscher Primeur rouge – aus der Portugieser-Rebe – und ein ›blanc‹ schon lange auf dem Markt.« Zumal sich für den Weinhandel der Primeur als ein Renner erweist, der andere Weine mit sich zieht. Viele Weinfreunde kehren auch mit anderen Flaschen heim.

In Frankreich selbst lauert die stärkste Konkurrenz. Dort gibt es noch ein anderes Rennen um den Primeur, ein Rennen außerhalb der Güteklasse AOC. Unter der schlichten Bezeichnung ›Vin de table‹ darf man nämlich seinen Wein anpreisen, sobald er fertig ist. Da geht es tatsächlich darum, die Konkurrenten zu schlagen und der erste zu sein. Nur bleibt dieser Wettkampf ein regionaler Sport. Um die Weine schnell abzufüllen, liest man so früh es geht und muß auf die zweite Gärung verzichten. Folglich erhält man echte ›primeurs‹. Sie sind frühreif, bestechen durch Fruchtigkeit,

aber sie halten sich schlecht und vertragen keine Reisen. In diesen Lokalderbies winkt dem Sieger reicher Lohn. »Wer es als erster schafft«, sagt Estelle Dauré, charmante Botschafterin des Château de Jau im Roussillon, »verkauft ungefähr dreimal so viel wie die anderen.« Ausgerechnet diese vorzeitigen Weine, für die meist Trauben neugepflanzter Weinberge genommen werden, dürfen sich nur ›vin nouveau‹ nennen, was man im Beaujolais gerade als ›langlebiger‹ verstanden haben möchte. Überall dort, wo man gern ein Stück vom saftigen Kuchen des Beaujolais abzweigen möchte, steht die Bezeichnung ›Primeur‹ hoch im Kurs.

Göttlicher Primeur

Darauf setzen – außer den Côtes du Rhône – vor allem die Weinregionen Languedoc und Roussillon mit ihren Landweinen. Sie begriffen, daß sie beim gleichen Startschuß mit ihren AOC-Tropfen neben dem Beaujolais keine Chance haben. Seit 1985 forcieren sie ihre ›Vins de Pays Primeurs‹ und legen sich freiwillig den Zwang auf, sie erst am dritten Donnerstag im Oktober – genau einen Monat vorm Beaujolais – debütieren zu lassen. Dann aber mit allen Fanfaren: auf den Champs-Elysées geht es ab null Uhr rund, und ein brillanter Abend im Palace – nebst einer synchronen Veranstaltung in Brüssel – versucht den ›Divin Primeur‹, so die Sammelmarke, in Glitter und Glimmer aus der Taufe zu heben. Immerhin holt man inzwischen für 50000 Hektoliter die Genehmigung ein und exportiert nach Belgien, Deutschland und England.

Jean-Pierre Cathala, schon von der Statur her imposanter Önologe aus dem Aude, zeichnet für die Mischung verantwortlich, in der sich alle mediterranen roten Rebsorten mit den atlantischen Merlots und Cabernet Sauvignons ein Stelldichein geben. Selbst ein Pionier wie José Puig, der seit 15 Jahren seinen Merlot in ›Macération carbonique‹ vinifiziert und ihn oft bereits Mitte September anbieten könnte, unterwirft sich aus Solidarität dem Primeurclub des Midi. Vorteil dieser Oktobervariante ist ein niedrigerer Alkoholgehalt, der – im Gegensatz zum Beaujolais – allein aus dem natürlichen Traubenzucker resultiert. Für Fans, bei denen sich herumgesprochen hat, wie zauberhaft der Oktober im Midi sein kann, sind die in allen größeren Städt(ch)en inszenierten ›Fêtes des Vins Primeurs‹ eine Chance, Winzer und ihre spritzigen Neugeborenen in der heiteren Stimmung kennenzulernen, die die Tage nach dem Ende der Weinlese markiert.

Primeur im Glas und

Fragt man im Beaujolais jemanden danach, bei welchen Gelegenheiten man den Primeur trinken und was man dazu reichen sollte, erhält man eine lapidare Antwort: »Immer und alles«. »Die Universalität des Beaujolais Nouveau, ganz gleich zu welchem Gericht man ihn reicht, ist noch größer als die des älteren Beaujolais, da ein älterer und tanninreicherer Wein, der mehr Körper hat, andere Geschmacksnoten zu beeinträchtigen riskiert«, sagt Henri de Rambuteau. »Beim Beaujolais Nouveau gibt es nur das florale Bouquet und die Fruchtigkeit und so wenig Tannine und Härte wie möglich, deshalb trinke ich ihn zu allem.«

Dem Beaujolais im allgemeinen ist es durch seine Leichtigkeit gelungen, sich einen größeren Bereich an möglichen Harmonien offenzuhalten als die meisten anderen Weine. Als nach dem Kriege auch in Frankreich der wirtschaftliche Aufschwung weiteren Kreisen die Portemonnaies füllte, demokratisierte sich das Vergnügen, essen zu gehen. Die Neulinge am gedeckten Tisch fühlten sich nur immer dann betreten, wenn Oberkellner oder gar Sommelier ihnen die Weinkarte reichten. Bisher war es ein Kinderspiel gewesen, den Gourmet zu markieren, doch nun stand man plötzlich im Examen. Da tauchte als Rettung der Beaujolais ganz unten auf der Karte auf. Den konnte man praktisch zu allem wählen, ohne daß die Eminenz im Frack das Recht gehabt hätte, die Nase zu rümpfen. Welch ein – noch dazu preiswerter – Segen!

Zur Zeit des Vin nouveau darf man völlig entspannen. Die Lust auf den Erstling gestattet jede Vermählung. Man trinkt ihn in Frankreich – und dort ist das eine Ausnahme – auch außerhalb der Mahlzeiten aus Spaß, zum Apéritif oder ganz ein-

St Amour
Beaujolois
Villages
blanc

fach gegen den Durst. Dabei kommt es nur darauf an, daß der Primeur gut gekühlt ist. Er sollte nie mehr als 12 °C haben.

Tips zur Verkostung

Mit seiner charmanten Art hat sich der Beaujolais Nouveau in der ganzen Welt Bars und Bistros, Cafés und Kneipen erobert. Dort schenkt man ihn oft in Karaffen aus, fast so wie damals, in der Zeit vor seinem Ruhm, als man abfällig vom ›Bastardbeaujolais‹ und ›Boulespielwein‹ sprach. Die ihn tranken, störte das nicht. Heute gilt es als chic, hinter einem funkelnd rotvioletten Glas die Beine übereinanderzuschlagen. Man könnte sich kleine Feuillétées kommen lassen. Auch eine Quiche paßt ausgezeichnet. Man kann ihn aber auch einfach zu einem Sandwich gesellen, zur Pizza, zu Nudelgerichten. Er macht sich gut als Begleiter bei Grilladen, ob Bratwurst, Lammkoteletts oder Hühnerbeine. In seiner Heimat setzen sich abends die Winzer zusammen und pellen gekochte Eßkastanien dazu. Anderswo zieht man es vor, die Kastanien über offenem Feuer in einer speziellen, durchlöcherten Pfanne zu rösten. Kastanien und Vin nouveau: das ist ein angenehmer, zudem sättigender Zeitvertreib, der sich gewissermaßen auch aus der Jahreszeit ergibt, denn zugleich mit dem Primeur reifen auch die Maronen. Als ideale Verbindung verlangen Eßkastanien, die oft als Beilage zu Wildgerichten dienen, allerdings eher einen kräftigeren, im Barrique ausgebauten Wein.

Bei einer anderen Beaujolaiser Institution triumphiert der Primeur jedoch unangefochten, beim ›mâchon‹, dem 10-Uhr-Frühstück der Winzer im

Weinberg. Zunächst besteht dieses aus den ›cochonailles‹, Schlachtwaren wie luftgetrockneten Würsten und Schinken, Blutwurst, gekochtem Schinken mit Petersilie, getrüffelten oder in Teig gebackenen Pasteten und anderem Deftig-Feinem, ehe man zum Ziegenkäse übergeht. Ein großes Stück Landbrot und eine Flasche Vin nouveau gehören im Spätherbst obligatorisch dazu. Niemand ist übrigens gezwungen, das ›mâchon‹ draußen einzunehmen.

Apropos Ziegenkäse. In den Bergen des Beaujolais, jenseits der Weingrenze, wird Milchwirtschaft betrieben; so gibt es zum Beispiel 8500 Ziegen. Man liebt die kleinen Käse, die auf Märkten, an Straßenecken und in Restaurants angeboten werden. Zwischen dem Nur-Ziegen- und dem Nur-Kuhkäse gibt es verschiedene Varianten. Am häufigsten findet man die – überall in Frankreich verbreitete – flachere Form, für die 1 Liter Milch verwendet wird. Der zylindrische, fingerhohe ›charollais‹ besteht aus 2 Litern Milch. Kleine Zylinder werden ›cabrion‹ genannt und die kleinsten ›boutons de culotte‹. Eine Spezialität sind die in Traubentrester gereiften Käse.

Zum Primeur sollte man junge und nicht zu kräftige Käse wählen. Zwar ist es richtig, daß der Primeur den Geschmack keines Gerichts beeinträchtigt, umgekehrt gilt das aber nicht. Alle Speisen, die streng oder sehr ausgeprägt schmecken, erdrücken die leichten, fruchtigen Aromen eines Primeurs, weshalb er sich zu allen leichteren Gängen empfiehlt, zu unprätentiösen wie eleganten.

Von besonderen Vermählungen

Ein Vin primeur geht am besten zum Entrée«, sagt Daniel Robin, Maîtres Cuisinier in Chénas und zählt auf, »zu einer Terrine, zu einer Sülze, zu einer Mousse vom Hecht.« Sein Kollege Gérard Cortembert in der ›Auberge du Cep‹ in Fleurie erwidert auf die Frage nach den besten Vermählungen des Primeurs entschieden: »Ich denke, das sind die Fische. Ich finde, der Beaujolais Primeur paßt besser zu Fisch als ein Weißwein.« Feinschmecker Henri de Rambuteau fand heraus, daß ein prickelnder Primeur – wenigstens im Beaujolais – der optimale Begleiter der ›foie gras‹, der Gänsestopfleber, sei. Im Beaujolais fühlt man sich gastronomisch Lyon zugehörig, der Hochburg der französischen Kochkunst, und schöpft wie die städtischen Kollegen aus einem perfekten Angebot. Hummer, Langusten, Lachs und Mittelmeerfische zählen selbstverständlich dazu. Bei den schlemmenden Gästen aus Deutschland sind einheimische Spezialitäten mehr gefragt, darunter Zander, Hecht und Flußkrebse aus der Saône, Geflügel aus der Bresse, Rindfleisch vom Charollais und Wild. Die guten Schlachtwaren stehen bei Gourmets in Ehren, so daß der Küche des Beaujolais etwas Rustikales eigen bleibt. Größte Berühmtheit unter ihnen ist die ›andouillette‹, eine Bratwurst aus Innereien, die in jedem Beaujolaiser Gourmet-Tempel ihren Platz auf der Speisekarte behauptet. Sollte bei Ihnen eine Flasche den Winter überleben, tun Sie sie – gut gekühlt – in den Picknickkorb beim ersten Frühlingsausflug. Zu den nachfolgenden Gerichten paßt ein Beaujolais Primeur ausgezeichnet.

SALAT DER GEMÜSEGÄRTNERIN MIT GEBRATENEN ›BLONDEN‹ GEFLÜGELLEBERN

Blätter von verschiedenen Salatsorten, zum Beispiel von Feldsalat, Radicchio, Eichblatt, Frisée, Batavia, Römischem Salat
junge Gemüse wie Babykarotten, kleine Navets, Zuckererbsen, junge zarte Bohnen oder Babytomaten, Paprikaschoten
Leber von Bresse-Geflügel
Traubenkernöl
guter Weinessig
feiner Dijonsenf
Weißbrotbröckchen
Butter
Salz, Pfeffer aus der Mühle

Die ›Salade maraîchère‹ lebt von einer Vielfalt von Zutaten. Acht bis zehn verschiedene sollten es sein, was sich leichter für mehr als vier Personen verwirklichen läßt. Lassen Sie bei der Zusammenstellung Ihre Phantasie spielen und achten Sie auf die Farbkomposition.
Der Blattsalat wird gründlich gewaschen und abgetropft. Dann in der Salatschüssel ausgebreitet. Die kleinen zarten Gemüse in Salzwasser höchstens halbgar kochen und abgetropft in die Schüssel geben. Tomaten und Paprika waschen, trocknen und kleinschneiden. Aus Traubenkernöl, Weinessig und sehr wenig Senf mit Salz und Pfeffer eine einfache Vinaigrette schlagen, mit der man den Salat würzt.
Die helle Geflügelleber – ›foie blonde‹ – in der Pfanne vorsichtig in heißer Butter anbraten. Kurz bevor sie durchgebraten ist, mit einem Schuß guten Rotweinessigs ablöschen, der den Lebergeschmack hervorkehrt. Gleichzeitig in einer zweiten Pfanne winzige Weißbrotbröckchen rösten. Die Leber aus der Pfanne heben, in feine Streifen schneiden, auf dem Salat ausbreiten. Die

Croûtons darüberstreuen. Den Salat mit dem Saft aus der Pfanne begießen. Mit Kerbel, Schnittlauch und glatter Petersilie garnieren.
Sofort servieren.

Gérard Cortembert

ZANDERFILETS A LA CREME

Zutaten für 2 Personen:

1 Zander von 500 bis 600 g
1 Tomate
1 Knoblauchzehe
2 Schalotten
1 EL Crème fraîche
1 Zitrone
1 EL Sauce hollandaise
1 EL Traubenkernöl
Salz, Pfeffer aus der Mühle

Den Zander entgräten und die beiden Filets vom Rücken nehmen. Die Filets in jeweils 3 gleiche Stücke schneiden. Das Öl in eine Teflonpfanne geben, und die Filets kurz darin anbraten. Die abgezogene und in kleine Würfel geschnittene Tomate, die zerdrückte Knoblauchzehe und die feingehackten Schalotten dazugeben. Salzen und pfeffern. Die Pfanne zudecken und auf kleiner Flamme 3 bis 4 Minuten garen.
Den Saft einer halben Zitrone und die Crème fraîche zufügen. Die Filets vorsichtig aus der Pfanne heben und warmstellen. Den Fond reduzieren, mit Zitronensaft und Salz abschmecken. Den Löffel Sauce hollandaise zum Schluß darunterrühren.
Die Zanderfilets auf einer vorgewärmten Platte anrichten und mit der Sauce übergießen.
Als Flußfisch gart der Zander schnell. Um sein Fleisch fest zu halten, darf man ihn nur kurz und behutsam garen.

Gérard Cortembert

BEAUJOLAIS-VI
PRIMEUR

GEDÜNSTETER STEINBUTT IN ALTEM CHENAS

Zutaten für 4 Personen:

1 Steinbutt von 2 kg
2 Karotten
2 Zwiebeln
2 Knoblauchzehen
1 Flasche alten Chénas
100 g Butter
1 Bouquet garni
Salz, Pfeffer aus der Mühle
Beilage: 300 g frische Champignons de Paris

Die vier Filets des Steinbutts werden abgehoben und kaltgestellt. Die Gräte mit einem kleinen Teil der Butter andünsten, die in dünne Scheiben geschnittenen Karotten und Zwiebeln zufügen, ebenso die Knoblauchzehen und das Bouquet garni. Die Flasche Chénas angießen und eine halbe Stunde lang kochen. Diese Sauce durch ein Sieb passieren, sie dann erneut zum Kochen bringen und darin die Steinbuttfilets in 5 bis 6 Minuten garen. Die Filets herausnehmen und warmhalten.
Die Sauce auf zwei Drittel reduzieren und die übriggebliebene Butter darunterschlagen. Abschmecken.
Die Steinbuttfilets auf einer heißen Platte anrichten, die in Butter angedünsteten Champignons de Paris darum verteilen und die Filets mit der Sauce ›au vieux Chénas‹ übergießen.

Daniel Robin

FRIKASSEE VON BRESSE-GEFLÜGEL A LA CREME MIT MORCHELN

Zutaten für 4 Personen

1 Bresse-Huhn von 1600 g
2 dcl Pouilly-Fuissé (oder anderen guten trockenen Weißwein)
5 dcl Crème fraîche
1 EL Erdnußöl
50 g Butter
Salz, Pfeffer aus der Mühle
2 Schalotten
1 Bouquet garni
Beilage: 200 g frische Morcheln (oder tiefgefrorene)
300 g junger Blattspinat

Das Huhn absengen und in 8 Stücke teilen. Die Hühnerstücke salzen und pfeffern und in Öl und Butter anbräunen, die feingehackten Schalotten und das Bouquet garni zufügen und mit dem Weißwein ablöschen. 30 Minuten schmoren.
Die Hühnerstücke herausnehmen und warmstellen. Die Crème fraîche an die Sauce geben und bis auf eine cremige Konsistenz reduzieren.
Auf sehr heißen Tellern anrichten. Die in Butter angedünsteten Morcheln und den als Blatt blanchierten Spinat dazugeben und mit der Sauce übergießen.

Daniel Robin

PROBIERKELLER UND WEINSTUBEN IM BEAUJOLAIS

Saint-Jean-d'Ardière: ›La Maison des Beaujolais‹, an der Nationalstraße 6 bei Belleville
Beaujeu: ›Le Temple de Bacchus‹
Chasselas: ›La Cadole du Char à Bœufs‹
Chatillon-d'Azergues: ›Pavillon des Pierres Dorées‹
Chazay-d'Azergues: ›Le Cellier du Baboin‹
Chénas: ›Le Caveau du Cru Chénas‹
Chiroubles: ›La Terrasse de Chiroubles‹
Cogny: ›Caveau des Voûtes‹
Fleurie: ›Caveau de Dégustation des Viticulteurs‹
Gleizé: ›Caveau de Gleizé‹
Juliénas: ›Le Cellier de la Vieille Eglise‹
Jullié: ›Le Caveau de Jullié‹
Leynes: ›Relais Beaujolais-Mâconnais‹
Pommiers: ›La Terrasse des Beaujolais‹
Régnié: ›Caveau de Régnié Durette‹
Romanèche: ›Le Caveau du Moulin-à-Vent‹ und auf der N 6 ›Le Caveau de l'Union des Viticulteurs du Moulin-à-Vent‹
Salles: ›La Tassée du Chapitre‹
Saint-Amour: ›Le Caveau du Cru Saint-Amour‹
Saint-Jean-des-Vignes: ›Le Refuge des Pierres Dorées‹
Saint-Lager: ›Le Cuvage des Brouilly‹
Saint-Vérand: ›Caveau de l'Union des Viticulteurs de Saint-Vérand‹
Vaux: ›Le Caveau de Clochemerle‹
Villié-Morgon: ›Le Caveau des Morgon‹

Außerdem laden Caves Coopératives zum Verkosten ihrer Weine ein.

Register